FRANCIS MARRE

Chroniqueur Scientifique du *Correspondant.*

LES
MITRAILLEUSES

BLOUD ET GAY, ÉDITEURS

7, Place Saint-Sulpice, PARIS

1916

LES MITRAILLEUSES[1]

Lorsque, vers 1860, l'emploi des cartouches de fusil à douille métallique commença à se généraliser dans toutes les armées, il apparut qu'il serait utile, au point de vue tactique, de réaliser une arme aisément maniable, en même temps que susceptible de tirer en un temps très court un grand nombre de cartouches et, par conséquent de produire un véritable « arrosage » de projectiles sur un point déterminé.

[1]. Cette étude reproduit un article paru dans *le Correspondant*.

LES MITRAILLEUSES À MANIVELLE

I. Types à canons tournants.

L'ingénieur américain Gatling imagina de réunir en un faisceau 6 canons assemblés au moyen de frettes et dont chacun était muni d'une platine spéciale. L'ensemble des canons et de leurs platines était monté sur un axe auquel une manivelle pouvait imprimer un mouvement continu de rotation. Deux excentriques étaient fixés à cet axe : l'un communiquait aux platines seules un mouvement régulier de va-et-vient, au cours duquel chacune venait successivement saisir, dans un tam-

bour formant réservoir, une cartouche
qu'elle poussait en avant dans le canon,
puis, après un temps d'arrêt, revenait en

LA MITRAILLEUSE DE GATLING

Cette armée à canons tournants fut utilisée pour la première fois au cours de la guerre de Sécession. Elle peut
être considérée comme l'ancêtre des mitrailleuses mo-
dernes.

arrière pour éjecter la douille vide ; le second excentrique faisait mouvoir un percuteur qui, au moment précis où passait

devant lui un canon chargé, frappait l'amorce de la cartouche et provoquait le départ du coup. Le mécanisme était, bien entendu, réglé de manière à ce que le choc du percuteur ait exactement lieu pendant le temps d'arrêt de chaque platine.

L'arme étant en action, on se rend aisément compte de la succession des « temps » qui assuraient le tir : une cartouche était saisie par une platine, la seconde amenée au voisinage de la culasse du second canon, la troisième était introduite, la quatrième faisait feu, la cinquième était ramenée en arrière, la sixième éjectée ; le cycle recommençait alors, pour se continuer aussi longtemps que le tambour-réservoir contenait des cartouches, ou que la manivelle était tournée.

La mitrailleuse était montée sur un affût à pivot par l'intermédiaire d'une articulation à rotule, et disposée de façon à pouvoir se déplacer dans tous les sens, aussi bien horizontalement que verticalement ; tandis qu'un servant versait des cartouches dans le réservoir, le tireur tournait d'une main la manivelle et, de l'autre, actionnait une poignée qui lui permettait d'orienter le faisceau de canons dans la direction de tir.

L'arme subit peu à peu diverses modifications, notamment par la substitution au tambour-réservoir de disques-chargeurs, ce qui permit de tirer dans toutes les positions, même pour exécuter des feux plongeants verticaux; le nombre des canons fut ensuite augmenté et porté à huit, dix, et même douze dans les modèles lourds. La mitrailleuse Gatling à dix canons arrivait à tirer, par minute, cent vingt coups, logeant à 500 mètres tous ses projectiles de 13 mm. 2 dans une cible rectangulaire de 25 à 30 mètres de superficie. Aussi put-elle rendre de réels services en maintes circonstances où devait être brisé l'effort d'une colonne assaillante : ce fut le cas en plusieurs rencontres de la guerre de Sécession (1861-1865), au siège de Plewna (1877) où elle fit énormément de mal aux Turcs, à Tel-el-Kébir (1882) où trente marins anglais, servant une batterie de six mitrailleuses américaines, tuèrent aux Égyptiens beaucoup de monde.

Mais, en dépit de ses qualités réelles qui la rendaient redoutable à courte distance, elle avait d'immenses défauts, ceux entre autres d'être lourde, partant peu mobile, de se dérégler avec facilité et de ne permettre qu'un pointage approximatif, ce qui avait pour conséquence fâcheuse de rendre pratiquement inutile le très bon groupement théorique de ses projectiles.

Le canon-revolver Hotschkiss.

Il faut rattacher aux mitrailleuses de ce type dit « à canons tournants », le canon-revolver de Hotschkiss, qui figure encore dans l'armement de nos places fortes et a été employé, sur certains points, dans celui des tranchées du front. Il peut être considéré comme une pièce apte à produire de bons effets à courte distance.

Le canon-revolver est constitué par un

faisceau de cinq tubes en acier, tournant
autour d'un arbre central au moyen d'un
mécanisme logé dans un manchon-enve-
loppe. Chaque tube-canon est rayé de
gauche à droite, et le pas des rayures varie de l'un à l'autre. La culasse, en fonte,
assure la fermeture au moyen d'un plateau
qui porte un ressort actionnant le percuteur. Le mécanisme, que met en mouvement une manivelle calée à l'extrémité de
l'arbre central, est d'une construction
ingénieuse, assurant la prise une à une
des cartouches contenues dans un distri-
buteur fixé à l'affût, leur introduction suc-
cessive dans chacun des canons, le choc
du percuteur et l'extraction de la douille
tirée. La pièce est montée sur affût métallique fixe ou mobile muni d'un pare-balles ;
elle pèse, seule, 475 kilogrammes et 570
avec son affût : elle tire, à raison de quatre-
vingts coups à la minute, une cartouche à
douille de laiton pesant 980 grammes et
comportant une boîte à mitraille (calibres
17 et 37 millimètres) chargée de vingt-
quatre balles sphériques en plomb durci

ou un obus ogival en acier, du calibre de 42 millimètres, armé d'une fusée percutante.

II. Types à culasse tournante.

Le canon-revolver est peu mobile et, même une fois monté sur un affût de campagne, il est difficile à déplacer. Par contre, il est de construction robuste et se dérègle rarement. Mais, pas plus que la mitrailleuse Gatling, il ne possède une grande justesse de tir : c'est une pièce tout au plus utilisable pour le combat à courte distance.

On s'est, pendant quelques années, complu à affirmer le contraire au sujet du canon à balles ou mitrailleuse de Reffye qui, au moment où fut déclarée la guerre de 1870, suscitait dans l'armée française et dans le pays tout entier l'enthousiasme le plus débordant.

Dans ce canon, conçu d'après un principe opposé à celui de la mitrailleuse Gat-

ling, vingt cinq-tubes en acier, de 13 ou
de 25 millimètres de diamètre, disposés en
cinq rangées, étaient brasés ensemble et
formaient un bloc unique ayant l'aspect
extérieur d'une bouche à feu d'artillerie.
Ce bloc demeurait immobile, tandis qu'une
culasse commandée par une manivelle actionnait le mécanisme de mise en feu et
celui d'approvisionnement, par lequel les
cartouches prises dans un réservoir étaient
amenées à chaque canon l'un après l'autre
et introduites dans l'âme. Chaque « élé-
ment de canon » était muni d'un appareil
de percussion assez analogue par certains
points, à celui du fusil Chassepot, alors
en service dans l'armée française, et com-
posé d'un percuteur à aiguille pourvu d'un
ressort à boudin. Une plaque de déclanchement percée de vingt-cinq trous reliés par
des rainures était animée, par la manivelle,
d'un mouvement de va-et-vient qui en
amenait les trous en regard des percu-
teurs : ceux-ci, immédiatement libérés,
étaient poussés en avant par leurs ressorts
et déterminaient le départ du coup : en se

continuant, l'action de la manivelle les ramenait en arrière, déplaçait la plaque de déclanchement, ouvrait la culasse et éjectait les douilles vides.

Le canon à balles pouvait tirer de cent-vingt à cent-cinquante coups par minute ; il était monté sur un affût à avant-train et il lui était adjoint, outre un appareil de pointage en hauteur, un dispositif permettant de pointer latéralement ; ce dispositif donnait, par suite, la possibilité de disperser sur un but large une gerbe de balles, ce qui devait réaliser un véritable fauchage et produire des effets extraordinairement meurtriers.

C'était, en somme, une véritable pièce d'artillerie, à laquelle le Commandement commit l'erreur de vouloir demander le même service qu'à un canon, sans vouloir tenir compte de sa portée réellement utile, 5oo mètres environ ; on la mit en batterie contre des troupes éloignées de 3 à 4ooo mètres, et même contre des retranchements ou des abris de fortune qu'elle était impuissante à entamer. Un revirement se produisit aussitôt dans l'opinion publique, et la mitrailleuse se vit dénier toute valeur militaire. Cependant, utilisée de façon rationnelle, elle rendit des services : à Champigny, par exemple (2 décembre 1870), le commandant Ladvocat ouvrit le feu à 500 mètres contre une division bavaroise et fit, dans les rangs de celle-ci, de tels ravages que sa progression fut arrêtée et que le corps Ducrot put achever sa retraite.

Malgré tout, la mitrailleuse ne revint pas en faveur, et il fut admis, après la paix, qu'elle était tout au plus, apte à servir de pièce de flanquement dans les forteresses.

En raison du discrédit dans lequel les mitrailleuses étaient tombées après l'expérience malheureuse de la guerre franco-allemande, la plupart des armées n'accordèrent qu'un intérêt médiocre aux modèles assez nombreux qui en furent successivement proposés et qui, tous, modifiaient plus ou moins le type Gatling (canons mobiles) ou le type de Reffye (canons fixes) : chez nous, c'est tout au plus si on jugea les unes ou les autres de ces armes bonnes aux expéditions coloniales, ou à l'armement des hunes de navires et des caponnières de remparts.

III. Types à canons étalés.

Cependant, la mitrailleuse belge de Christophe Montigny constituait un heureux perfectionnement du canon à balles de Reffye, tandis que celles de Palmcrahtz et Winborg (Suède), de Hamann (Suisse), d'Albertini (Autriche), avec leurs canons disposés sur un même plan horizontal donnaient des résultats de tir aussi satisfaisants qu'on pouvait alors le souhaiter.

En 1889, l'armée allemande adopta le canon-revolver Albertini, modifié : cette pièce qui, d'ailleurs ne resta que peu d'années en service et dont l'emploi ne fut jamais généralisé, avait une portée utile de 1.000 mètres, au polygone. Montée sur un pivot et placée sur une voiture-caisson, elle était surtout destinée à accompagner des colonnes de cavalerie.

LES MITRAILLEUSES AUTOMATIQUES

Toutes ces armes, quel que fût leur principe de construction, avaient trois grands défauts communs : d'abord leur mécanisme était manœuvré à la main, ce qui les condamnait à avoir un fonctionnement assez irrégulier et rendait leur pointage aléatoire, en raison des secousses que la manivelle imprimait toujours à l'ensemble ; d'autre part, elles comportaient toutes un nombre assez considérable de canons, ce qui obligeait à leur donner un mécanisme d'alimentation complexe, c'est-à-dire nécessairement délicat, et rendait impossible à réaliser l'allègement de leur poids total ;

enfin, à cause même de leur poids, il était à peu près inévitable de les installer sur des affûts à roues, traînés par un ou plusieurs attelages, ce qui leur conférait la mobilité toute relative des pièces d'artillerie, dont elles étaient, par ailleurs, fort loin de posséder la puissance et la portée.

Aussi, les spécialistes de toutes les armées s'accordaient-ils à souhaiter la construction d'une mitrailleuse aussi peu pesante que possible, ayant, par suite, tous les caractères d'une véritable arme portative à tir très rapide et pouvant être employée, non comme une pièce d'artillerie très légère, mais comme une véritable « pièce d'infanterie ».

Ils formulaient, à ce point de vue, trois desiderata principaux : réduire le nombre des canons, afin d'alléger l'arme, rendre le tir absolument précis, régulariser le feu de façon parfaite en substituant au fonctionnement à la main un fonctionnement automatique.

Utilisation du recul du canon.

Dès 1882, le constructeur anglais Maxim avait proposé au problème une solution satisfaisante en établissant une mitrailleuse conçue sur un plan nouveau. Elle ne comportait qu'un seul canon fixe, dans l'âme duquel un nombre considérable de cartouches étaient apportées et tirées tour à tour d'une façon automatique, au moyen d'un mécanisme dont le fonctionnement était assuré par l'énergie produite au cours du recul même de la pièce : celle-ci arrivait ainsi à lancer de 6 à 700 projectiles à la minute.

Cette mitrailleuse, utilisant la cartouche ordinaire du fusil, prenait rang parmi les armes d'infanterie, plutôt que parmi les bouches à feu d'artillerie : son poids de 30 kilogrammes la rendait, du reste, tout à fait portative.

Après avoir reçu divers perfectionnements de détail qui l'allégèrent, la mitrailleuse Maxim est, à l'heure actuelle, en service dans de nombreuses armées. Elle constitue la première réalisation vraiment satisfaisante d'un engin automatique à tir très rapide utilisant, pour fonctionner, l'énergie mécanique développée par ses propres réactions secondaires. En effet, le premier coup une fois tiré, elle continue, grâce aux forces mêmes du recul, à effectuer sans qu'il soit nécessaire d'intervenir à nouveau, l'extraction et l'éjection de la douille usée, l'apport d'une nouvelle cartouche, la fermeture de la culasse et la mise de feu.

L'arme comprend une partie mobile et une partie fixe qui sert de support à la première. La partie mobile est constituée par le canon proprement dit, qui est un canon de fusil ordinaire portant des tourillons, les glissières qui prolongent le canon en arrière, enfin la fermeture, composée de la culasse et de ses accessoires. La partie fixe est constituée par le manchon de refroidissement qui sert au canon de chemin de glissement et qui est rempli

Cette arme, dont l'efficacité meurtrière est grande, est en service chez les Boches. Elle nous a fait beaucoup de mal, mais nos « bonhommes » lui opposent une arme bien supérieure, « notre Saint-Etienne ».

d'eau pendant le tir, la boîte située à l'arrière du manchon servant de support à l'arme, enfin le mécanisme de récupération qui ramène en avant le canon après son recul. Elle est munie d'une crosse d'épaulement et d'un dispositif de visée.

L'ensemble, qui pèse environ 18 kilogrammes, est posé sur un affût dont la forme varie, et qui est tantôt muni de roues, tantôt constitué par un simple trépied organisé de façon à permettre le pointage en hauteur et en direction, le fauchage et l'immobilisation de l'arme pointée. L'une des branches du trépied est munie d'une sellette sur laquelle un servant s'assied à califourchon pendant le tir. L'armée allemande a adopté pour ses mitrailleuses Maxim un affut-traîneau qui permet à deux hommes, soit de rouler la pièce, soit de la porter au moyen d'un brancard. L'armée britannique, au contraire, a adopté un affût sur roues, muni d'un bouclier pare-balles. La mitrailleuse Maxim-Vickers dont elle se sert dans la guerre actuelle est, du reste, pourvue d'un certain

LA MITRAILLEUSE MAXIM-VICKERS

Cette arme, en service dans l'armée britannique, est pourvue d'un certain nombre de perfectionnements qui la rendent bien préférable à son modèle, la Maxim, adoptée par les Boches.

nombre de perfectionnements qui ont amélioré d'une façon considérable la pièce primitive et, en particulier, l'ont allégée d'au moins 25 p. 100.

Dans toutes les armes du type Maxim, comme dans celle du type Maxim-Vickers, l'approvisionnement en munitions se fait au moyen de courroies-magasins dont chacune porte de 250 à 400 cartouches, et qui entrent à droite, dans le mécanisme d'alimentation, le traversent et sortent à gauche, garnies de leurs douilles vides (1).

Le premier coup ayant été tiré, le canon et les diverses pièces qui lui sont fixées reculent de 25 millimètres : ce mouvement en arrière actionne successivement les mécanismes de culasse, d'approvisionnement, de percussion et d'éjection. Aussitôt, un ressort récupérateur ramène le canon en batterie ; le coup part et le cycle recommence. Il va sans dire que les dispositifs par lesquels sont commandés les divers mécanismes sont combinés de telle sorte

(1) Le garnissage des courroies à cartouches se fait au moyen d'une machine spéciale, et très rapidement.

que chacun de ceux-ci agissent au moment précis où son action doit se produire.

Ce système de fonctionnement automatique fondé sur l'utilisation directe du recul a été adopté par d'autres constructeurs, Nordenfeld, par exemple, dont la mitrailleuse est généralement considérée comme trop fragile pour être pratiquement intéressante, et Bergmann qui est arrivé, après de nombreux tâtonnements, à établir son modèle 1902, dont la simplicité est indiscutable. Son système de fermeture, notamment, est des plus ingénieux, puisqu'il ne comporte que des pièces animées de mouvements rectilignes, à l'exclusion de tout mouvement rotatif.

Au départ du coup, le canon et la culasse reculent ; mais, tandis que le recul du canon est bref, la culasse continue le sien ; elle comprime ainsi un ressort de fermeture, bande un ressort de percussion et entraîne une masse percutante qui s'accroche à la gâchette.

Quand elle est arrivée à fin de course, l'action du ressort de fermeture la ramène

en avant, et, dans ce mouvement nouveau,
elle entraîne avec elle le canon.

Pendant ce temps, le mouvement de va-et-
vient du système de fermeture fait avancer
la bande-chargeur qui porte les cartouches
et qui traverse l'arme de droite à gauche :
une cartouche neuve entre dans l'âme ; aussitôt la culasse se ferme et le coup part.
La marche de l'engin se continue, dès
lors, automatiquement. Un manchon réfrigérateur contenant 6 litres d'eau entoure
le canon et diminue son échauffement pendant le tir.

L'arme pèse 26 kilogrammes, avec son
eau de refroidissement ; 48 kilogrammes,
avec son affût-trépied ; 74 kilogrammes,
montée sur un affût à roues. Son tir donne
d'excellents résultats, mais les ressorts à
boudin qui sont une de ses parties essen-
tielles se fatiguent assez vite, et c'est sans
doute pour cette raison qu'en dépit de ses
qualités certaines, elle est encore aujour-
d'hui en butte à l'hostilité de nombreux
spécialistes.

II. — Utilisation du recul de la culasse.

En 1904, un Allemand, Schwarzlose, fit construire par la manufacture autrichienne de Steyr une mitrailleuse à canon fixe, utilisant elle aussi l'effet mécanique de recul, et qui est en service depuis 1908 dans les armées de la monarchie austro-hongroise, mais n'a pas été adoptée, jusqu'à présent du moins, par d'autres armées européennes.

Le canon entouré d'un manchon réfrigérateur à eau, est fixé à l'ensemble du mécanisme qui comprend la culasse, le ressort d'armement, la détente, et, en bas, le dispositif permettant l'approvisionnement régulier en cartouches, puis l'éjection des douilles usées. Le tout est complété par une crosse de pointage et un appareil de visée.

Quand le coup part, l'expansion des gaz de la poudre repousse en arrière la douille vide et la culasse : ce mouvement, en même

temps qu'il éjecte l'étui, arme le percuteur
et bande un ressort de récupération dont
la détente repousse aussitôt la culasse,
après avoir introduit une cartouche nouvelle dans l'âme. Il suffit donc d'un ressort
unique comprimé par le recul de la culasse,
pour assurer le fonctionnement de tout le
mécanisme et produire un tir d'une régula-
rité automatique.

La mitrailleuse Schwarzlose a l'incon-
vénient d'être lourde : avec son trépied-
support elle pèse près de 65 kilogrammes ;
de plus, sa justesse de tir est assez médiocre, et elle est sujette à de fréquents
enrayages. Aussi les Autrichiens doivent-
ils envier les Serbes dont les mitrailleuses
françaises sont nettement supérieures aux
leurs.

III. — Utilisation partielle des gaz de la poudre.

Aux armes dont le mécanisme est actionné par l'énergie développée au cours

LA MITRAILLEUSE HOTSCHKISS

Imaginée et mise au point en France par un américain, elle fait merveille
dans la guerre actuelle.

de recul, il convient d'opposer celle que construisit en 1891 le major autrichien Odkolek : pour produire les divers mouvements nécessaires à son fonctionnement automatique et continu, elle utilise, non plus l'énergie développée par le recul du canon ou de la culasse, mais celle que lui fournissent directement les gaz dégagés par la combustion de la poudre.

Malheureusement, le mécanisme de la pièce primitive était d'une complexité si grande que ses diverses parties se déréglaient avec facilité. L'arme n'avait pas les qualités de robustesse et de rusticité qu'exige un service de guerre.

Toutefois, le principe auquel s'était arrêté le major Odkolek parut excellent au constructeur américain Benjamin Berkely Hotschkiss qui, depuis longtemps, rêvait de substituer une arme automatique à son canon-revolver actionné à la main par une manivelle. Aidé par les ingénieurs français de l'usine qu'il avait créée en 1870 à Saint-Denis, aux portes de Paris, il arriva, après plusieurs années d'études et de perfectionnements successifs, à établir une mitrailleuse extrêmement simple, qui n'a guère avec celle du major autrichien qu'une ressemblance de principe.

Elle se compose essentiellement d'un canon fixé dans une boîte de culasse renfermant le mécanisme ; l'ensemble est posé, soit sur un affût à roues, soit sur affût-trépied.

Un trou percé dans le canon à une faible distance de la bouche, communique avec un cylindre dans lequel se meut un piston relié par une tige aux mécanismes de culasse (ouverture, fermeture, percussion) et d'approvisionnement (apport des cartouches, éjection des douilles vides). Le premier coup étant tiré à la main, le projectile part, et dès qu'il a dépassé le point où se trouve le trou dont il vient d'être parlé, une faible partie des gaz qui le propulsent s'échappe et lance en arrière le piston. Celui-ci, une fois arrivé au terme de sa course, est retenu par une détente placée dans la boîte de culasse et saillant à l'extérieur. Tandis que son mouvement rétrograde se produit, la culasse est ouverte, la douille tirée est enlevée du canon, puis éjectée, et une seconde cartouche amenée en face de l'âme. En agissant sur la détente, on libère le piston qu'un ressort antagoniste renvoie à sa position première. Au cours de ce second mouvement, la culasse repousse dans l'âme la cartouche, puis se ferme sur elle, et le percuteur s'abat, provoquant le départ du coup. Le cycle recommence, et se continue aussi longtemps que l'on prend soin d'actionner le poussoir de détente.

La prise de gaz dans le canon est assez faible pour ne jamais faire varier de plus de un centième la vitesse initiale du projectile : elle peut être accrue ou diminuée au moyen d'un régulateur, dont le jeu a pour résultat indirect d'accélérer ou de retarder l'alimentation en cartouches et, par suite, de fixer la vitesse de tir.

Les cartouches sont fixées sur des bandes-chargeurs qui les apportent à raison de 5 à 600 par minute : le canon est refroidi pendant le tir au moyen d'un radiateur à ailettes en bronze, fretté environ à son tiers moyen, en avant de la chambre. L'arme, complétée par une crosse servant à l'épaulement et par un appareil de pointage, est posée, par l'intermédiaire de deux tourillons, sur un affût que supporte un trépied dont la branche arrière est munie d'une sellette pour le pointeur. Elle pèse 24 kilogrammes, et 45 avec son affût-trépied.

La mitrailleuse française du modèle Saint-Étienne 1907, qui est en service dans notre armée concurremment avec la Hotchkiss, procède du même principe de construction que cette dernière, et emprunte l'énergie motrice de son mécanisme aux gaz développés lors de la déflagration de la poudre.

La pression des gaz prélevés dans le canon pousse en avant un piston muni d'une tringle dont le déplacement agit sur un levier qui lui-même fait fonctionner la culasse ; celle-ci comporte les dispositifs nécessaires d'ouverture et de fermeture de l'âme, d'approvisionnement, d'éjection et de percussion. Un ressort antagoniste ramène le piston à sa place et provoque, après le départ du coup, le recommencement du cycle. Cette arme, qui est robuste, légère, maniable, et très juste, est approvisionnée au moyen de bandes-chargeurs souples, garnies de cartouches d'infanterie : l'excellente qualité de l'acier dur dont est fait son canon, lui permet de tirer notre balle D sans éprouver aucune usure.

Le refroidissement pendant le tir est assuré, sans manchon à eau et sans ailettes réfrigératrices, par l'adjonction, à la partie qui avoisine l'âme, d'une masse métallique suffisante pour dissiper la chaleur produite. Au surplus, notre règlement militaire prévoit, en cas d'échauffement excessif, de refroidir tout simplement la pièce en faisant couler de l'eau dans son canon.

La mitrailleuse française, du type Saint-Etienne 1907, servie par nos « bonhommes » indifférents au danger, fait d'effroyables hécatombes de Boches. Elle est aussi terrible que son grand frère « notre 75 ».

Utilisation simultanée des gaz de la poudre et de l'énergie développée pendant le recul.

Pour être complet, il faut, enfin, signaler que certaines mitrailleuses sont construites d'après un principe que l'on pourrait appeler « mixte » et utilisent, pour assurer leur fonctionnement automatique, à la fois l'énergie mécanique du recul et celle que fournit le prélèvement d'une partie des gaz dégagés par la combustion de la poudre. C'est le cas de la mitrailleuse Perino, en service dans l'armée italienne. Il ne semble pas que, pour le moment du moins, ce principe soit nettement préférable à celui qu'ont mis en œuvre les constructeurs de notre « Saint-Étienne 1907 ».

LES FUSILS-MITRAILLEUSES

Le désir d'alléger autant qu'il se peut
la mitrailleuse et celui d'en multiplier le
nombre jusqu'à arriver à en doter de nombreux combattants dans chaque unité des
troupes à pied, ont conduit à établir des
mitrailleuses individuelles ou fusils mitrailleuses, qu'un seul homme peut porter et
manier.

Dans cet ordre d'idées, la Société Bang
Skydewaaben, de Copenhague, a construit,
en 1903, un engin dont le canon et la boîte
de culasse sont fixes ; le mécanisme est
actionné par les gaz de la poudre qui, à
leur sortie du canon, viennent frapper une
sorte de coiffe mobile enveloppant la

bouche. Le mouvement en avant de cette coiffe détermine, par l'intermédiaire d'une tringle articulée, l'ouverture de la culasse, l'extraction et l'éjection de la douille ; il actionne également un élévateur qui apporte et met en place une cartouche neuve, et enfin, il provoque la fermeture de la culasse, son verrouillage et le choc du percuteur.

Ce fusil, qui est du calibre 6,5 mm. tire, à raison de 3o à 4o coups par minute, une balle de 10,1 gr., animée d'une vitesse initiale de 725 mètres ; un mécanisme de blocage très simple permet de le transformer à volonté en un fusil à répétition ordinaire. Mais le couvercle de culasse étant projeté violemment en arrière à chaque coup, menace de blesser au visage un tireur maladroit ; d'autre part, la coiffe de bouche s'encrasse avec facilité et réclame de fréquents nettoyages ; enfin, l'équilibre est défectueux et impose au tireur une fatigue rapide. Aussi, les spécialistes s'accordent-ils à estimer qu'en dépit de qualités réelles, le fusil automatique de Bang

Voici une mitrailleuse légère ou plutôt un fusil-mitrailleur sur affût-trépied qui a valu à des milliers de Boches le désagrément de recevoir en France une hospitalité définitive, sous six pieds de terre.

a besoin de perfectionnements pour devenir réellement parfait.

C'est également le reproche qui peut être fait à plusieurs fusils automatiques conçus sur des principes plus ou moins analogues à ceux des diverses mitrailleuses; parmi ces armes, la plus intéressante sans contredit est celle qu'ont construite les usines Browning, de Liége, et qui présente une grande analogie de construction avec le célèbre pistolet à chargeurs qui utilise l'énergie du recul pour actionner le mécanisme de culasse. Toutefois, comme le fusil Browning n'est encore en service dans aucune armée, on peut se borner à signaler son existence, et ne pas s'attarder à le décrire.

Au contraire, le fusil Hotschkiss, qui a été adopté par la Belgique et le Japon, a donné d'excellents résultats dans la guerre actuelle, et, aussi bien sur le front du Nord qu'en Extrême-Orient, les Allemands ont fait la douloureuse expérience de sa valeur balistique. Pesant de 7 à 10 kilogrammes, selon qu'il est ou non muni d'ailettes de refroidissement, il peut être manié, épaulé et tiré par un seul homme comme le serait un fusil ordinaire ; dans la position couchée, derrière un talus ou une crête, il se transforme en une véritable petite mitrailleuse, grâce à un léger affût pliant, à deux branches en tube métallique, qu'un anneau fixe au tiers supérieur de son canon.

Son mécanisme est identique à celui de la mitrailleuse Hotschkiss dont il n'est pas autre chose qu'une réduction. C'est une arme excellente pour les cyclistes, les cavaliers et les automobilistes.

On ne saurait en dire autant du fusil automatique de Krupp qui a figuré dans l'armement de quelques unités boches : copie assez malheureuse et assez mal réussie de la mitrailleuse Schwarzlose, il s'est révélé, à l'usage, sujet à des encrayages si fréquents que nos ennemis n'ont pas tardé à ne plus l'utiliser.

UTILISATION
DES MITRAILLEUSES

Malgré la défaveur qui les a atteintes en France à la suite de la guerre 1870-1871, les mitrailleuses n'ont pas cessé, depuis leur invention, d'être en service dans la plupart des armées et des marines.

En 1898, les Américains durent en grande partie à des mitrailleuses Gat-ling modifiées par Parker le succès de la bataille de Santiago de Cuba. Mais, à partir du moment où la mitrailleuse auto-matique fit son apparition sur le marché spécial des engins de guerre, toutes les nations s'accordèrent à lui donner la pré-

férence sur les vieux systèmes à manivelle
et à canons multiples.

En 1899-1900, pendant la guerre anglo-
boer, les Maxim, que les troupes britanni-
ques possédaient en nombre plus considérable que leurs adversaires, leur valurent
l'avantage en maintes rencontres. Au début
de la campagne russo-japonaise, nos alliés
avaient à leur disposition beaucoup plus
de mitrailleuses Maxim que n'en possédaient leurs adversaires, un peu sceptiques
sur la valeur militaire de ces armes. Elles
leur rendirent les plus grands services à
Da-Tchi-Chao (31 juillet 1904) et, quelques
jours plus tard à Liao-Yang (30-31 août).
Aussitôt les Japonais achetèrent plusieurs
centaines de mitrailleuses Maxim et Hotchkiss : ils ne tardèrent pas à s'en servir
avec la plus grande habileté. A Hentchen-
pou (7 mars 1905), trois sections de deux
pièces fauchèrent littéralement deux bataillons d'infanterie russe : le 4e bataillon du
9e régiment perdit en quelques minutes
tous ses officiers et 778 hommes, sur un
effectif total de 830 combattants.

Aussi, toutes les puissances s'empressèrent-elles d'adopter des armes aussi précieuses dans le combat à courte distance.

Au moment où la guerre fut déclarée, l'organisation administrative du service des mitrailleuses était la suivante dans les diverses armées belligérantes :

Allemagne. — L'Allemagne possédait 338 détachements de mitrailleuses affectés à l'infanterie et 17 affectés à la cavalerie. Chaque détachement compte six pièces, dont chacune est servie par quatre tireurs commandés par un sous-officier chef de pièce ; un lieutenant commande une section de deux pièces ; un capitaine commande l'ensemble du détachement. Le type adopté est celui de la firme Maxim, pesant 26 kilogrammes, auxquels il faut ajouter 3 kg. 800 pour l'eau contenue dans le manchon de réfrigération, et 53 kilogrammes pour l'affût-traîneau. Deux hommes suffisent pour déplacer l'engin monté, soit en le portant sur une civière, soit en le traînant sur le sol, soit en posant l'affût-traîneau sur un affût à roues. Chaque détachement est accompagné de cinq caissons, attelés, ainsi que les affûts, de quatre chevaux conduits à la Daumont. La cartouche tirée est celle du fusil d'infanterie; l'approvisionnement de 15.000 cartouches.

Autriche-Hongrie. — Les 110 régiments actifs et les 40 régiments de landwehr de l'infanterie autrichienne, ainsi que les 26 bataillons de chasseurs ont, chacun, une section de deux mitrailleuses; un détachement de quatre pièces accompagne chaque division ou brigade indépendante de cavalerie. L'arme adoptée est du modèle Schwarzlose pesant 20 kg. 500; l'affût pèse 18 kg. 550, le bouclier 20 kilogrammes : chacune de ces parties est aisément transportée par un homme. Pour la route, elles sont chargées à dos de mulet. La cartouche est du calibre 8 millimètres, et pèse 15 gr. 8; l'approvisionnement est de 10.500 coups. Chaque section est commandée par un lieutenant ayant sous ses ordres un sous-officier et 4 hommes par pièce : chaque détachement a à sa tête un capitaine.

Turquie. — L'armée turque possède — théoriquement — une section de deux mitrailleuses Maxim pour chacun de ses régiments d'infanterie. Ces pièces sont — ou doivent être — servies, commandées et approvisionnées comme dans l'armée allemande. Mais, au pays des dilapidations et des gabegies, il n'est pas bien sûr que l'argent destiné à payer les pièces réglementaires n'ait pas, avec la complicité des officiers allemands fournisseurs, reçu une destination tout à fait imprévue.

Armées alliées. — Les armées alliées ont, au point de vue des mitrailleuses, des organisations qui ne le cèdent en rien à celles de nos ennemis. On comprendra cependant qu'il soit impossible — à tous égards — de donner sur cette organisation les moindres détails numériques. Il convient de se borner à des indications d'ordre général.

Angleterre. — Dès 1892, l'Angleterre a adopté les mitrailleuses Maxim et les a groupées en sections de deux pièces.

Chaque régiment de ligne des troupes métropolitaines ou coloniales possède deux de ces sections, chaque régiment de cavalerie en possède une, et, « de plus », nos alliés ont constitué depuis le début des hostilités une réserve considérable de pièces dans laquelle ils puisent sans compter.

Belgique. — Les Belges ont « beaucoup » de mitrailleuses de divers systèmes, notamment des Hotchkiss, qui tirent toutes la cartouche d'infanterie Mauser Lee 1889, calibre 7 mm. 65, dont la balle en maillechort est longue de 30 mm. 2 et pèse 14 gr. 1. Ces mitrailleuses sont, pour la plupart, montées sur affûts à roues caoutchoutées traînés par des chiens. Quelques-unes des compagnies cyclistes sont, de plus, armées du fusil-mitrailleuse Hotschkiss.

France. — Nos mitrailleuses sont du type Saint-Étienne 1907, mais nous avons également en service des Hotschkiss achetées en nombre important pendant la période où notre Saint-Étienne était encore à l'étude. Les unes et les autres tirent la cartouche du fusil d'infanterie modèle 96, munie de la balle D.

Chacun des régiments d'infanterie et chacun des bataillons de chasseurs possède *maintenant* « au moins » deux sections de mitrailleuses, composées chacune de deux pièces : chacun de nos régiments de cavalerie en est tout aussi amplement doté, et nous possédons en réserve un stock qui nous permettrait de tripler, au moins, s'il le fallait, le nombre des engins mis en ligne. Chaque section française de mitrailleuses est approvisionnée réglementairement à 18.000 coups et réellement à... beaucoup plus.

Japon. — L'armée japonaise, infanterie et cavalerie, possède pour chaque régiment en bataille formant corps, deux ou trois mitrailleuses du type Maxim ou Hotchkiss, réparties en sections de deux pièces et approvisionnées à 16.000 coups par section.

Monténégro. — Le Monténégro a, en quantité « suffisante » des sections françaises de mitrailleuses.

Russie. — Chacun des 355 régiments d'infanterie active russe possède un groupe de deux ou quatre mitrailleuses Maxim. Chacun des régiments d'infanterie de réserve en emmènera le même nombre en partant au front. Chacun des 122 régiments de cavalerie possède six mitrailleuses.

Serbie. — La Serbie a armé son infanterie de mitrailleuses Maxim et Hotchkiss.

Italie. — L'Italie a adopté la mitrailleuse Perino, dont toutes ses unités combattantes sont abondamment pourvues.

TACTIQUE DE LA MITRAILLEUSE

De toute cette organisation, peu différente en somme d'une armée à l'autre, quelques principes généraux paraissent se dégager.

D'abord, les mitrailleuses sont partout groupées en sections de deux pièces. La raison en est d'ordre technique plutôt que d'ordre militaire. S'il est, en effet, indiscutable que la mitrailleuse a un tir beaucoup plus précis que celui du fusil, grâce à la stabilité de l'affût sur lequel elle est montée, il n'en est pas moins certain que ce tir ne tarde pas à diminuer de précision quand l'arme s'est échauffée, après avoir brûlé rapidement un certain nombre de cartouches. A cet égard, aucun système de refroidissement ne donne des résultats parfaits, et aucun système de réglage compensateur n'est pleinement satisfaisant. Force est donc d'alterner le tir des pièces, de façon à ce que l'une d'elles se repose et se refroidisse, tandis que l'autre est en action.

Du reste, il faut bien dire que si certains modèles (la mitrailleuse française du type Saint-Etienne par exemple) permettent de brûler 6oo cartouches à la minute, c'est là une vitesse théorique qui, pratiquement, n'est jamais réalisée au combat. La cadence de 25o à 3oo coups ne saurait être dépassée sans rendre impossible l'approvisionnement et sans nuire au sang-froid nécessaire des pointeurs. On ne saurait donner ici aucun exemple tiré des constatations faites au cours de la guerre actuelle, mais il est curieux de signaler qu'en fait, malgré leur énorme « faculté de consommation » les mitrailleuses brûlent, au combat, beaucoup moins de cartouches qu'on ne serait tenté de le supposer au premier abord. A cet égard, le rapport du commandant d'artillerie Meunier, qui suivit la guerre russo-japonaise, est extrêmement intéressant. « Le 3 mars 1905, écrit-il, les deux mitrailleuses de la division de la Garde japonaise, qui repoussèrent l'assaut de nuit des Russes contre Toketou, consommèrent 7.130 cartouches, soit 3.565 par pièce. Le 10 mars 1905, à Foncheun, les 6 mitrailleuses du 3ᵉ régiment japonais (1ʳᵉ armée, général Kuroki, 2ᵉ division) tirèrent 7.000 cartouches, soit environ 1.170 par pièce. » Le commandant Meunier conclut en disant : « Le ravitaillement en munitions ne semble donc pas devoir présenter de grandes difficultés. Ainsi la mitrailleuse n'est pas seulement une arme défensive, mais une arme offensive de tout premier ordre. »

Il est à constater, d'ailleurs, que, dans toutes les armées, les mitrailleuses sont, à l'heure actuelle, l'arme très mobile de l'infanterie et de la cavalerie ; elles en sont aussi l'arme très légère, pouvant être déplacée au besoin à bras d'hommes. Par suite, elles accompagnent les chaînes de tirailleurs et les soutiennent dans leur marche en avant. Ce rôle est grandement facilité par leurs faibles dimensions qui les rendent aisément dissimulables et par la possibilité de tirer au ras du sol, que leur assurent les affûts-trépieds extensibles sur lesquels elles sont montées.

Enfin, il est à remarquer que toutes les mitrailleuses, quel que soit leur système, tirent la balle du fusil d'infanterie de l'armée qui les possède. Les Maxim et les Hotchkiss du Japon sont construites pour employer la cartouche du fusil Arisaka 1897 (calibre 6 mm. 5, balle de 10 gr. 5, en plomb durci, avec chemise en acier nickelé), les Maxim anglaises tirent la cartouche du fusil Lee-Enfield 1903, calibre 7 mm. 7, balle de 14 grammes en plomb durci avec chemise de maillechort), les Maxim allemandes, la cartouche à balle (Spitzgenchoss, balle pointue) du Mauser 1898 (calibre 7 mm. 9, balle de 10 grammes en plomb mou, chemise en cuivre et acier nickelé) ; les Schwarzlose autrichiennes tirent la cartouche du fusil Mannlicher-Schönauer 1895 (calibre 8 millimètres, balle de 15 gr. 8 en plomb durci avec chemise de maillechort), etc., etc. Rien n'est plus propre à faciliter les ravitaillements en munitions.

Le fait que les mitrailleuses peuvent tirer rapidement, et avec une grande précision, un nombre considérable de balles semblables à celle du fusil d'infanterie leur permet de rendre les mêmes services qu'un nombre important de fusils groupés en un point déterminé. Elles sont « de l'infanterie agglomérée », suivant le mot devenu classique du général Langlois. Aussi ne leur demande-t-on pas de servir à autre chose qu'aux usages d'une section de tireurs concentrant ses feux et de jouer le rôle d'une arme foudroyante qui brise une attaque et qui fauche impitoyablement. Une ou deux sections de mitrailleuses montées sur des automobiles blindées, c'est l'équivalent d'un bataillon de fantassins capable des randonnées les plus follement audacieuses et les plus terriblement rapides.

Une seule mitrailleuse à bord d'un avion que conduit un pilote habile et intrépide, c'est la maîtrise de l'air assurée.

*
* *

De tous les emplois tactiques qui ont été réservés à la mitrailleuse dans la guerre actuelle, il en est un qui a parfois permis aux Allemands de nous faire beaucoup de mal et que nous n'avons jamais employé. C'est celui qui consiste à dissimuler l'engin derrière un groupe d'hommes faisant mine de se rendre, et qui, s'écartant tout à coup, livrent passage à une grêle de balles meurtrières pour leurs vainqueurs trop confiants.

Vingt fois, les Boches se sont déshonorés en se servant de cet ignoble stratagème.

Pas une seule fois les Français n'ont agi de façon aussi scélérate.

Chez nous la mitrailleuse est une arme redoutable, mais loyale. Chez eux, elle est devenue une arme assassine et félone, l'arme des bandits qui font la guerre aux femmes, aux enfants, aux vieillards, aux blessés…

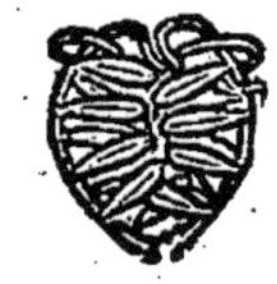

TABLE DES MATIÈRES